मेरे उद्‌ग़ार

कविता संग्रह

राकेश शर्मा

मेरे आदरणीय माता जी स्व.श्रीमती शकुन्तला शर्मा एवं पिता जी स्व.श्री हरि प्रकाश शर्मा और मेरे परिवार एवं उन सभी मित्रो, शुभचिंतको एवं प्रिय जनों को जो मेरी इस कविताओ के प्रेरणासोत्र बने |

क्रम-सूची

क्रम-सूची

क्रम-सूची

प्रस्तावना

-इस पुस्तक मे कवि ने अपने भावो को कविता के रूप में उकेरा है |

राकेश शर्मा द्वारा रचित कविता संग्रह मेरे उद्गार केवल एक संग्रह नहीं अपितु कवि के भावो की महीन अभिव्यक्ति है |

यह कविता संग्रह कई वर्षो के कालखंड में उनके द्वारा बिताये प्रस्थितिजन्य समय की गंगा का अनवरत प्रवाह है |

-- रेणु शर्मा(महिला उधमी)

- कवि ने इन कविताओ में अपने भावो को इस ढंग से परोसा है जो सोचने को मजबूर कर देता है |-

-- हरीश चन्द्र गौतम(रिटायर्ड एक्स.इ.एन)

- शानदार कविता संग्रह |

-- करुण शर्मा (बिजनेसमैन)

भूमिका

"मेरे उद्गार" कविता संग्रह जिसमे कवि ने अपने विचारो की अभिवक्ति कविता के रूप में प्रस्तुत की है| राकेश शर्मा द्वारा रचित यह कविता संग्रह केवल एक संग्रह नहीं अपितु कवि के भावो की महीन अभिव्यक्ति है| यह कविता संग्रह उनकी कई वर्षो के कालखंड में उनके द्वारा बिताये गए प्रस्थितिजन्य समय की गंगा का अनवरत प्रवाह है| उनकी कवितायेँ मानव जीवन के विभिन्न आयामों को परिभाषित करती है| जैसे उनकी कविता "मस्त-विरक्त"

मस्त -विरक्त,

मानव एक,

स्थितियां अलग,

अलग सोच,

वशीभूत मानव,

सोचता,

विचरता विचारो में,

ढूंढ़ता आश्रय विचारो में,

जो दे उसे ठहराव,संतोष|

मानव के विचारो द्वारा उसके खुद के वशीकरण की स्थिति को दर्शाती है| कवि की हर एक कविता आपको सोचने को मजबूर करेगी| आशा है आपको कवि का यह प्रयास पसंद आयेगा|

पावती (स्वीकृति)

आभार उन सभी जनों का जो मेरे जीवनकाल में मुझसे मिले और उनकी प्रेरणा प्राप्त कर मैंने कई कविताओ का सृजन किया|

आमुख

कवि ने अपने कविता संग्रह में मानवीय विचारों के विविध द्वंद्वों को गहराई से छूने का प्रयास किया है। उन्होंने मानवता के विचारों के द्वंद को उजागर किया है, जैसे कि सत्य और असत्य का विचार, जहाँ मानव को विचारों के अधीन होना पड़ता है।

उनकी कविताओं में प्रकृति की व्यापकता और उसकी ख़ूबसूरती का सजीव वर्णन है। उन्होंने ग्रामीण और शहरी जीवन के बीच के अंतर को भी सुनिश्चित किया है, जहाँ ग्रामीण जीवन का संयम और प्रकृति से संबंधितता, और शहरी जीवन की भागदौड़ और मेहनत की कहानी उनकी कविताओं में उभरती है।

उनके रचनाकारी दृष्टिकोण से, मानवता के विभिन्न आयामों को समझाया गया है, जो हमारे विचारों, भावनाओं और व्यवहार में गहराई से समाहित होते हैं। इस रूप में, उनके कविता संग्रह ने मानवीय अस्तित्व के रहस्यों को खोलने का प्रयास किया है, जो हमारे जीवन के मौलिक तत्व हैं।

परिचय

कवि परिचय

राकेश शर्मा द्वारा रचित कविता संग्रह **मेरे उदगार** केवल एक संग्रह नहीं अपितु कवि के भावो की महीन अभिव्यक्ति है| यह कविता संग्रह कई वर्षो के कालखंड में उनके द्वारा बिताये प्रस्थितिजन्य समय की गंगा का अनवरत प्रवाह है|

शिक्षा से इंजीनियर और एम.बी.ए इन्होने अपने कीमती 20+ वर्ष अलग-अलग संस्थानों में कार्य कर बिताये| इन कविताओ में उनकी जिन्दगी के वो क्षण है जो उन्होंने कविता के रूप में कागज के पन्नो पर उकेर दिए|

काम के दौरान उन्हें देश के विभिन्न प्रदेशो में काम करने का मौका मिला कभी हिमाचल और जम्मू और कश्मीर मे तो कभी चंडीगढ़ तो कभी दिल्ली और एनसीआर तो कभी पंजाब,हर हालात,कॉर्पोरेट जीवन,बचपन का बीता स्वर्णिम समय उनके कलम से कविताओ के रूप में परिणित हुआ जो आप इनकी कविताओ में पढेगे|

आप अपने विचार ई-मेल - authorrakes@gmail.com द्वारा साँझा कर सकते है|

आशा करता हूं कवि राकेश का यह प्रयास आपको जरूर पसंद आएगा|

धन्यवाद|

राकेश शर्मा दृढ़तापूर्वक अपने नैतिक अधिकार व्यक्त करते है कि उनकी पहचान इस पुस्तक के लेखक/ कवि के रूप मे हो |यह एक कल्पित कविता संग्रह है | इस कविता संग्रह में प्रयुक्त नाम,चरित्र, स्थान एवं घटनाएँ या विचार या तो कवि की कल्पना पर आधारित या काल्पनिक रूप से प्रयुक्त है | इसका किसी वास्तविक, जीवित या मृत व्यक्ति ,किसी घटना या स्थान से कोई संबंध नहीं है |

1. अनुक्रम

----

2. अध्याय 1

मेरे उद्गार

मस्त -विरक्त,

मस्त-विरक्त
मानव एक,स्थितियां अलग,
अलग सोच,वशीभूत मानव,
सोचता,विचरता विचारो में,
ढूंढ़ता आश्रय विचारो में,
जो दे उसे ठहराव ,संतोष|
दौड़ ठहराव की,
पाता कोई छोड़ने से,
पाता कोई पाने से,
कहता हर कोई,
मार्ग मेरा श्रेष्ठ,
पाया क्या उसने,
उस मार्ग से अपना लक्ष्य?
पर सच क्या?
सत्य-अन्वेषण उचित क्या?
सत्य है क्या?

राकेश शर्मा

या दौड़ है यह,
खुद के संतोष की,
अनुत्तरित प्रश्न यह,
उत्तर ढूंढ़ता खुद से,
अचंभित मानव।

3. अध्याय 2

तपन

तपन ग्रीष्म की,

सुख की नींद लेता,

लेटा पीपल के पेड़ तले किसान,

मीठी खुशबु से भीगा वातावरण,

अलबेला,अनूठा याद के लायक|

फसल पकती,

हवा में डोलती,इतराती,

झूमती,नाचती,गाती,

मानो गा रही गीत जीवन का,

जो भरा है उल्लास,

आनंद और सुख से|

देता इतना सकून ग्रीष्म,

मन में भरता प्रेम,

भरता पेट पकती फसलों से,

आनंदित करता,

चित-चितवन मानव का|

कितना महत्पूर्ण है ग्रीष्म,

मानव के जीवन चक्र में,

बारम्बार नमन करता मानव,

ऋतुओ के अलग-अलग पड़ावों को,

जो जलाती जीवन-ज्योति सृष्टि मे|

4. अध्याय 3

जी-जी

जी-जी की रट लगाते,
कॉरपोरेट मे उच्च स्थान पाते,
चापलूसी के रंगो मे रंगे,
कहलाते यह चतुर खिलाडी|
बॉस ही भगवान है,
बॉस ही महान है,
बॉस बिना जग नश्वर है,
बस बॉस सिर्फ बॉस ही;
मेरा सब-कुछ है|
धुन यही गुनगुनाते है,
मैं महान,मेरा बॉस मुझसे महान;
और न कोई दूजा,
भज मन बॉस ही सब कुछ,
बाकी जग नश्वर और अजूबा|
मिलते ऐसे लोग टहलते,
कॉर्पोरेट के गलियारो में,
काम नहीं करते यह सब,
कहते,क्या कम है?
यह काम,वह कहते;
यही काम ले जाता
तरक्की के पथ पर,

दिलाता धन और ऊंचा पद,
व्यर्थ कियों मेहनत करे,
जब चलता हो काम निर्लज्जता से,
जो देती इन निर्लज्जो को एक खोखली जिंदगी|

5. अध्याय 4

बादल

घुमड़ -घुमड़ के आये बादल,
जल की बुँदे लाये बादल।
उपहार अमृत का, देने जीवन को,
सही समय पर आये बादल|
नहीं भूलते,आते समय पर,
नहीं इतराते,नहीं डराते,
उचित समय पर प्यास धरती की,
सदैव बुझाते काले बादल|
पता उन्हें महत्व बूंदो का,
जिन्हे समेटा उसने अंदर,
प्राण है,वोह जीवन का,
नहीं भूलते कभी यह बादल|

6. अध्याय 5

प्रकृति के रंग
सुबह उठ कर देखा,
ओस से लबालब पौधो को,
एक अनूठे लय में डूबे पौधो को,
समरसता प्रदर्शित करते पौधो को,
आगंतुक को दोनों हाथो से समेटते पौधो को;
काश हम भी देख पाते,
काश हम भी समझ पाते,
काश हम जन भी एक हो पाते,
तो कुछ और ही हो पाते,
सोचता हूं ....।

7. अध्याय 6

सच-झूठ

सत्य,छिपा-छिपा सा,

खोजता निकास,ताकि हो प्रकट,

बता सके,उसका भी है अस्तित्व,

पर,पा,ना,पाता,कोई उसका ठोर,

दब जाता मानो, परत-दर-परत,

झुठ की चादर से,

आश्चर्य ऐसा? अचंभा ऐसा?

जिसमे वशीभूत मानव,मान लेता,

झुठ को सच कई बार|

अजब है ये खेल,गजब है ये मेल,

सब कुछ उलट-पुलट,

अजीब है यह मेल|

रैली पर रैली,वादों पे वादे,

कमीनगी से मुस्कुराते नेता,

हर सवाल का जबाब हाँ में देते नेता,

भर दूंगा में पेट,चिंता करो मत तुम,

यह विश्वास दिलाते,नेता,

जानते सच सब,

होश में जनता पर;

हर बार झुठ को सच मनवाते नेता,

जय-जय,जयकार खुद की

कहलवाते नेता।
अचंभित,आश्चर्य में डूबा मैं,
चाहता करे क्रान्ति हम सब,
मिटा डाले वबंडर झूठ का,
सच की फुहार से;
जुड़े हम सब,
काट डाले बेड़िया झूठ की,
ताकि उदय हो सूरज सच का,
आओ मिलकर करे स्थापित,
राज्य,अब सच का।

8. अध्याय 7

चेतना

चेतना,जीवन का अङ्ग,

मन मस्तिष्क पर छाई हुई,

देती विभिन कल्पनाओं को उड़ान|

मनुष्य प्रफुल्लित,आनंदपूर्ण,

उमंग से भरा हुआ,

है केंद्रित,उस चेतन आनंद में,

डूबा,खोया,मदमस्त,मस्त,

नशा गहरा;भीतर से डुबाता,

हिचकोले दिलाता,

भ्रम में डालता,करता मस्त मानव को,

मानो इंगित करता,देता संकेत,

डूब जाओ,इसमें तर कर ही मिलेगा,

तुम्हे वह चेतन मन,

जो होगा स्वस्थ,

आनंद से भरा,विश्वास में डूबा,

जो देगा आभास तुम्हे,स्वर्ग का|

9. अध्याय 8

गाँव जो देखा
खेत,
हरे भरे,
लहलहाते,
मानो,
झूमते,गाते,
पतली सी,
पगडंडियां,
खुरो की छाप,
उन पर|
टन-टन बजती,
घंटियाँ,पशुओ की,
सामूहिक एकता,
चरते पशु,
मस्त किसान,
रिमझिम बारिश की,
फुहार|
जीवन का,
अट्टूट,लयबद्ध प्रवाह,
आज मैने गांव जो देखा|

10. अध्याय 9

झूठ का शोर
झूठ का शोर,
सत्य छिपा-छिपा सा,
ढूंढ़ता निकास ताकि हो प्रकट,
बता सके,उसका भी है अस्तित्व,
पर न पता कोई ठोर,
दब जाता मानो परत-दर-परत,
झूठ की चादर से,
आश्चर्य ऐसा,अचम्भा ऐसा,
इसमें वशीभूत मानव,
मान बैठता,
कई बार झूठ को सच।
जरुरत उस तीक्ष्ण ज्ञान की,
उस आँखों की,
जिस पर कर विश्वास,
मानव जन कर पाए भेद,
झूठ और सच का,
जो है विधमान मानव जन में,
जरुरत सिर्फ विश्वास की,
जो मानव करे खुद पर।

11. अध्याय 10

पत्थर

पत्थर निर्जीव,बेजुबान,

पड़ा सहमा कोने पर,

पता नहीं कब ठोकर मार कोई,

निकल जायेगा,दिए बिन ध्यान,

मानो अस्तित्व ही नहीं शायद उसका|

पत्थर निर्जीव,बेजुबान,

जो गुंथा जायेगा अंगूठियों में,

जो हे प्रिय,मानव जान बहुतेरी,

विभिन्न नामांकनों से,

जो पुकारा जायेगा,

इठलायेगा,मुस्कुरायेगा,

अपनी आभा से भरा,

मानो अस्तित्व है उसका महत्वपूर्ण|

पत्थर निर्जीव,बेजुबान,

जो खो देता,

अपना अस्तित्व बन मिट्टी,

गूंध जाता जो जन के घोसले में,

भरोसे,विश्वास के अद्भुद रूप में,

बिताता मानव, जीवन अपना,

मधुर आश्रय में उसके,

मानो अस्तित्व है उसका;

अति महत्त्वपूर्ण|
पत्थर निर्जीव,बेजुबान,
जो सहलाया जाता,
छिपाया जाता,संभाला जाता,
जिसका अस्तित्व,
बन जाता अति दुर्लभ,
कीमत,सुंदरता होती जिसकी प्रबल,
मानो अस्तित्व है उसका,
मानव को जान से प्यारा|
पत्थर निर्जीव,बेजुबान,
जो माना जाता अनमोल,
पूजते जिसे विभिन्न रूपों में सब जन,
सब जन के प्राण,
तभी तो बसते उसमे,
करता जो रक्षा भूमि पर सबकी,
मानते सब,वही हैं रक्षक सबका,
जिस पर टिका अस्तित्व सबका|

12. अध्याय 11

मनुष्यता
मनुष्यता भयंकरता की ओर,
तृष्णा की और,
मार्ग को भूलती,
विलासिता की ओर।
प्रसाद रूपी जीवन,
प्रमाद बनता हुआ,
उछलता प्रमुख हो रही,
मनुष्यता ओढ़ रही नया कफ़न।
जीवन का अर्थ मिटता हुआ,
जीवन का ढंग मिटता हुआ,
जीवन की तरंग मिटती हुई,
जीवन का बहाब,
प्रलय की और,
मुड़ता हुआ।

13. अध्याय 12

ओस की बुँदे
ओस की बुँदे,
कोमल सी,
अलसाई सी,
क्या इंगित करती है?
ओस की बुँदे,
बिखरी सी,
अल्हड सी,
मदमस्त सी,
क्या इंगित करती है?
ओस की बुँदे,
करती इंगित,
उस दशा को,
उस मन:स्थिति को,
जो होती है,
उन्मुक्त प्रेमी की,
अनूठी,अनसुलझी,
अपने मे डूबी सी|

14. अध्याय 13

अज्ञानता

अज्ञानता हर तरफ,

फैली हुई,अनेक रूपों मे|

समझ की अज्ञानता,

समरसता की अज्ञानता,

धर्म की अज्ञानता,

ज्ञान की अज्ञानता,

कटोचती है मुझे,

आखिर है क्या?

ज्ञान का स्वरुप,

ज्ञान का एक रूप,

दुसरे पल क्यों है?

अज्ञान का स्वरुप|

ज्ञानवान लगता,

मुझे क्यों?

अज्ञान से भरा हुआ,

समझदारी का ओढ़े कफ़न सा|

ज्ञानता की मानसिकता लिए,

घूम रहा अज्ञानता मे,

नष्ट कर रहा वह कई,

नई पीढियो को,

अपने ज्ञान से भरे,

राकेश शर्मा

अज्ञान रूपी,
विष के सोपान से।

15. अध्याय 14

प्रकृति

शाम की धुंदली रौशनी,
प्रकृति का एक रूप यह भी|
सुबह का तेज प्रकाश,
प्रकृति का एक रूप यह भी|
समानता और असमानता,
प्रकट हो रही हर दिशा से,
दोनों दिखा रही समरसता,
एक आश्चर्य यह भी|

16. अध्याय 15

जलाशय का जल

जलाशय का जल,

फैला रहा बीमारिया गाँव मे;

जलाशय का जल,स्वच्छ,

तैरती जिसमे भैंसे गाँव मे;

जलाशय का जल,शीतल,

भरा रहता जो गंदगी से;

जलाशय का जल,

गाँव का प्राण,

तभी तो हर लेता हर प्राण असमय मे|

17. अध्याय 16

यादे

सुहानी शाम के साये मे,
यादों का जब धुआं उठा,
यादों के साये में यादों का,
सिलसिला जो चला,
याद ही रह गई यादों की,
वर्तमान क्या रह पायेगा,
वह भी तो कभी,
यादों की श्रृंखला से ही तो,
जुड़ जायेगा|

18. अध्याय 17

परछाईयां
मौसम की परछाईयां,
बदलते परिवेश की तरह,
जीवंत,अनबूझ,उन्मुक्त,
उत्तेजित,उदास,सुस्त,
विभिन्न रूपों का यह समागम,
कभी विकट करता परिवेश,
सोंच ना पाता मै,
इन रूपों के परिदृश्य को,
रह जाता हरदम,हरवक्त,
रहस्य यह अनसुलझा,
अनुत्तरित सा|

19. अध्याय 18

अदृश्य विचार
अदृश्य सा होता जा रहा,
व्यक्त किया मेरा विचार,
आज के युग का क्या नहीं?
मेरा यह विचारित विचार|
विचारो की भाव्यक्ति,
विचारो का सोपान,
क्या अब डूब जायेगा,
विचारो की अनंत श्रृंखला मे?
तो मेरा क्या होगा?
क्या होगा मेरे विचारो का?
मै क्या हूं?
विचार ही तो हूं;
विचार जब मेरे खो जायेंगे,
तो मै कहाँ?
मेरा अस्तित्व कहाँ?
यह विचार क्या?
विचार के योग्य नहीं?
यह विचार क्या?
मेरी भाव्यक्ति नहीं?
समझो विचारो को,
तभी तो हो पायेगा,

विचारो का संगम,
निकलेगी जिससे,
अमृत की बुँदे,
विष के साथ,
विचार होंगे अगर उचित,
तभी तो कर पायेगे अलग,
विष से अमृत को|

20. अध्याय 19

संसार का सार
संसार का सार,
समझ पाता ना मैं,
संसार का सार,
समझ ना पाता मै|
देखता हूं,
व्याकुल,व्यथित चेहरे,
आनंद,जोशीले चेहरे,
चेहरे पर चेहरे,
देखता रह जाता हूं मैं,
सोचता रह जाता हूं मैं,
क्या सही हैं?
गलत क्या हैं?
क्या है सार?
हर कोई डूबा है,
अजीब कशिश मे,
हर कोई खोया है,
अपने वर्तमान,अतीत मे,
समझ रहा हो जैसे,
अपने आप को,
क्या है सार?
समझ ना पाता मैं|

21. अध्याय 20

इंसान

आज हर इंसान है कशमकश मे,
पूरब का सोपान करे या पश्चिम का,
पूरब की परंपरा,
पश्चिम की उन्मुक्तता,
पूरब की मानसिकता;
पश्चिम की विलासिता,
अंतर वृहत है,
मनुष्य भ्रमित है,
पाना चाहता एक को,
दूसरा खो जाता है,
दुसरे को चाह कर भी,
छोड़ ना पाता है,
यह कशमकश,
कर रही भ्रमित उसे,
ले जा रही उस पथ पर,
जो है अज्ञान,
विषाद की पूरक|

22. अध्याय 21

बदलाव
मौसम में बदलाव,
चिंतित ज्ञानविद,
कारण?
प्रकृति का विनाश,
छुध लाभों के लिए,
खेली किसने यह विनाशलीला?
प्रश्न अनुत्तरित,
मैंने बताया तो था,
कहता ज्ञानविद|

23. अध्याय 22

मौसम की परछाइयाँ
मौसम की परछाइयाँ,
बदलते परिवेश की तरह,
जिवंत,अनबुझ,उन्मुक्त,
उत्तेजित,उदास,सुस्त;
विभिन्न रूपों का यह समागम,
कभी विकट करता परिवेश,
सोच ना पाता मैं,
इन रूपों के परिदृश्य को,
रह जाता हरदम,हरवक्त,
रहस्य यह अनसुलझा सा,
अनुत्तरित सा।

24. अध्याय 23

प्रवाह
पल-पल बहता,
प्रवाह समय का|
बहता जा रहा प्राणी,
समय की धारा मे,
विलखता,हँसता,गुनगुनाता,
रोता,कलपता,
सोता,खिलखिलाता,
उस टूटे पत्ते की तरह,
बहता,उड़ता जो,
असहाय सा,
तूफ़ान मे,नालो मे,
नदियो और बरसाती नालो मे,
क्या देता कोई ध्यान उस पर?
फिर क्यों मानव?
जीता जीवन अहंकारयुक्त?
समझ ना पाता मै?

25. अध्याय 24

अनुत्तरित प्रश्न
अनुत्तरित प्रश्न!
अस्तित्व की लड़ाई,
जूझ कर तो देख,
हटना पीछे?
कायरता नहीं क्या?
जीवन तो सुना था सिर्फ,
बहने का नाम,
जब समझ यह,
सभी जनमानस को,
फिर पीछडता कोई क्यों?,
किसी भी जन से,
कहाँ है कमी?
कहाँ है जाल?
प्रश्न यह अनसुलझा सा|

26. अध्याय 25

बदलाव
जमाव ज्ञानविदो का,
ज्ञान का वर्णन,
क्षेत्र असीमित,
समझ-असमझ से परे,
निष्कर्ष शून्य|
भौतिक बाते,
बातो का निष्कर्ष बाते,
बातो का चलन,
अंत;अंतहीन,
समझना जरूरी नहीं,
जरूरत सिर्फ नासमझी की|

27. अध्याय 26

मूल्यांकन

सजीव चित्रण मनुष्यता का,

दिखा रहा आज का नेता,

पथ पर चलो सच्चाई के,

खुद चलता बुराई पे नेता|

देश खतरे मे है;डराता नेता,

डालता खुद खतरे मे देश को,नेता|

जनता का हूं सच्चा सेवक,

लूटता खुद उन्हें आज का नेता,

लालसा नहीं धन-धान्य की,

करता बड़े घोटाले नेता,

कोढ़ है साम्प्रदायिकता,कहता,

खुद दंगे करवाता नेता|

मनुष्यता की बाते करके,

मुर्ख,जनता को बनाता नेता|

भोली जनता जय-जयकार करती,

जब कभी कस्बे मे,पधारता नेता|

28. अध्याय 27

मस्तिष्क

मस्तिष्क,

भौतिकवादी का,

भौतिकता से ओत-प्रोत,

भौतिकता में समाहित,

हर क्षण उलझा सा,सहमा सा|

मस्तिष्क,

राजनेता का,

कपट,छल,हिंसा से ओत-प्रोत,

पाप मे समाहित,

हर क्षण डरा सा,सहमा सा|

मस्तिष्क,

जनमानस का,

असमझ,कपट से परे,

मासूमियत में समाहित,

हर क्षण उल्लासित,

आनंदित,प्रसन्नचित|

29. अध्याय 28

मौसम
मौसम,
तनावरहित,
आनंद से पूर्ण,
पीपल के वृक्ष तले,
खेत मे,
ठंडक देता गाँव का;
मौसम,
तनावपूर्ण,
आनंद से दूर,
कंक्रीट तले,
प्रदूषित वातावरण मे,
कष्ट देता शहर का;
अंतर सपष्ट,
क्या बदलाव संभव नहीं?
क्या बन नहीं सकता?
शहर कभी गाँव भी?
जरुरत सिर्फ,
चेष्टा,प्रेरणा,एवं कुछ ध्यान की|

30. अध्याय 29

क्षण
दौड़ता क्षण,
बीतता समय,
बंधे सब,
बह रहे,
धारा मे,
क्षण की|
अहंकार कैसा?
आश्चर्य,
वश मे नहीं, एक भी क्षण|

31. अध्याय 30

अंतर
मौसम-
गाँव का,शीतल,
प्रकृति प्रदत;
शहर का शीतल,वातानुकुलित,
मनुष्य प्रदत|
जल-
गाँव का स्वच्छ,निर्मल,
प्रकृति प्रदत;
शहर का भी,
स्वच्छ,
निर्मल,
फ़िल्टरयुक्त,
मनुष्य प्रदत|
नींद-
गाँव में,
पीपल तले,
या खेतो मे लहलहाते,
फसलों के बीच,
मस्त,आनंदपूर्ण,
प्रकृति प्रदत;
शहर मे सीलन,

भरी छत के तले,
वातानुकुलित वातावरण मे,
चिन्तायुक्त,
डरी सी,अपूर्ण।

32. अध्याय 31

जीवन

मनोरम वातावरण,

स्वच्छ,आनंददायी,

चिडियो की चहचहाहट,

दूर,कोयल का गायन,

बहता जल,

शुद्ध नदी का,

टकराता,मुड़ता,

चट्टानों पर,

स्पर्श जल का,

भर देता प्राण,पूर्णरूपेण,

मन को कर देता आनंदपूर्ण।

मिट्टी के मकान,

उठती जिनसे खुशबु,

बस जाती जो सांसो मे,

जीवन प्रवाह प्रबल हो उठता।

जीव जन्तु का कोलाहल,

कितना अलग पर मनोरम,

देता सकून मन को,

सच,कितना अलग,

कितना सरल,

कितना पूर्ण,

जीवन गाँव का।

33. अध्याय 32

कारगिल के शेर

कारगिल के शेरो को,
मेरा सादर नमन|
लहरा दिया तिरंगा,
भगा दुश्मनों को सरजमीं से|
कारगिल के शेरो को,
मेरा सादर नमन|
डरे नहीं गीदड़ भभकियो से,
दौड़ा दिया उन्हें,
हांक रहे थे जो डींगे बड़ी-बड़ी|
कारगिल के शेरो को,
मेरा सादर नमन|
लड़ी लड़ाई,
सुरक्षित भविष्य को हमारे,
जोड़ गए वे फिर,
अटूट रिश्ता एकता का,
सही मायनो में दे गए,
सन्देश वे धर्म निरपेक्षता का,
कारगिल के शेरो को,
हर भारतीयों का,
सादर नमन|

34. अध्याय 33

मंथन

मंथन,

मनुष्यता को देन,

प्रकृति की अनुपम सौगात|

दिया अमृत,विष के साथ,

मंथन ने ...

आश्चर्य;

लाया विष,अमृत;

मंथन के उपरांत,

देन क्या यह?

क्या मंथन नहीं आवश्यक?

कारण?परन्तु,

क्यों आता विष?

अमृत के साथ,

विषाद,सुख के साथ,

बिछोह,मिलन के साथ,

जरुरी मंथन,

इन प्रश्नों पर,

उत्तर?

निरुतर मानवता,

अब तक,

इन प्रश्नों पर|

35. अध्याय 34

मायने
मायने,
परम्परा के;
आदर-सत्कार;
कुछ मानते व्यर्थ।
बंधन है,बाधक है,
विकास मे मनुष्यता के,
विचार कुछ का यह।
जीना सिखाती,
प्यार बढाती,
एकता बढाती,
विचार कइयो का यह।
अजीब सा यह विरोधावास।
पर आश्चर्य?
कुछ को मैंने,
बाबजूद विरोध के,
कइयो से ज्यादा,
परम्परा में बंधे देखा।

36. अध्याय 35

देन

वातावरण,
प्रकृति की अदभूद देन,
जीवन प्रबाह निर्भर उसपर,
क्यों कर रहे दूषित हम?
चोट नहीं क्या?
जीवन पर अपने?
आज का इंसान,
ज्ञानवान इतना,
समझ नहीं पा रहा क्या?
या गिरा दिया उसको,
तुच्छ लोभ,लालसाओं ने,
खेल रहा वोह अपने जीवन से,
कैसा दुर्भाग्य?कैसी विडम्बना,
आज ज्ञानवान,
अज्ञान स्वरुप बन बैठा।

37. अध्याय 36

व्यस्तता
व्यस्त अत्यंत,
आज का आधुनिक मनुष्य,
कारण?
दोड़ लगी,
आगे जाने की,
उचित,अत्यंत उचित,
बढ़ना आगे,
परन्तु?
क्या जरुरी नहीं?
उचित विचार,
उचित सोच के साथ|

38. अध्याय 37

प्रतीक

जल;

प्राणरक्षक,प्राणदायक,प्रेरणा का श्रोत।

जल;

विनाश लाता,त्राहि मचाता,

प्राण संकट मे डालता।

जल;

प्रकट करता,

उन असंभावनाओ को,

जो सिमटी है,संभावनाओ मे।

39. अध्याय 38

लयबद्धता
प्रकृति लयबद्ध,
मनोरमता लिए,
लुटा रही स्नेह,
विभिन्न रूपों मे,
चहचहाहट,बहती वयार,
कराती अहसास,
जीवंत जीवन का|
अस्तित्व मानवता का,
करता निर्भर प्रकृति पर,
देती सन्देश जो,
प्यार अपनत्व एवं प्यार का|

40. अध्याय 39

बीतता समय
दोड़ता क्षण,
बीतता समय,
बंधे सब,
बह रहे धारा मे,
समय की,
अहंकार कैसा?
आश्चर्य! वश मे नहीं,
एक भी क्षण|

41. अध्याय 40

क्षण का खेल
दोड़ता क्षण,
बीतता समय,
बंधे सब,
बह रहे,
धारा मे,
क्षण की।
अहंकार कैसा?
आश्चर्य!
वश मे नहीं,
एक भी क्षण।

42. अध्याय 41

प्रबलता

प्रबलता प्रमुख;
रूप अनेक,
अहिंसक,हिंसक,प्रबलतम,
खड़ी मनुष्यता;
दौड़ अनिश्चित,
दौड़ प्रबल,
हथियारों की,
पुरुस्कारों की,
हत्याओ,अहिंसा
क्षोभ की,
पथ अनेक,
मनुष्य भ्रमित,
प्रबलता के इस सोपान पर|

43. अध्याय 42

चेतना
चेतन,
मन विपरीत,
मानव-मानव मे,
अद्भुत|
व्यस्त,चिंतित,
मानव शहर का,
चेतना;छिपी,दबी,
भूली सी,
कारण?
छुद्ध लालसा,
लोभ,अहं|
आश्चर्य पर?
चेतना,
परिपूर्ण,उच्चतम,
खुली, मस्त,
उभरी,कारण?
लालसा अब प्यार की,
लोभ अपनत्व का,
अहं पहचान की,
परिवर्तन आवश्यक;
जरुरत, सही पथ पर,

कदम बढ़ाने की।

44. अध्याय 43

बरसात
प्रकृति आनंदित,
बौछार बूंदों की,
प्रसन्न मानव जन,
वर्षा पाट रही खेतो को,
दे प्यार जलरूप मे,
बुझा रही प्यास धरती की|
पर,मानव निर्मित भूमि?
कोलतार से भरी,
कंक्रीट से बनी;
बौछार बूंदों की,
बेचैन,व्याकुल मिलने को,
धरती से जो पाटी हुई कोलतार से|
हिचकोले लेता जल,
ढूँढता,सर छुपाने को,
अपनी धरती मे|

45. अध्याय 44

संभावना
संभव,
संभावनाओ मे,
असंभव,
असंभावनाओ मे,
अंतर,
सपष्ट-असपष्ट,
द्वंद,
दो रूपों का,
नाचता मनुष्य,
कम्पास की सुइओ की तरह,
फिर,अहं भाव कैसा?
कैसा अहंकार?
पर डोलता मनुष्य फिर,
कम्पास की सुइयों की तरह|

46. अध्याय 45

समय
समय गतिमान,
बहाब मे बह रहे सभी जन;
अवरूध करना,
समय को,असंभव|
लाचार मानव,
जीत की अभिलाषा,
पर आश्चर्य?
कितना बेबस मानव|

47. अध्याय 46

इतिहास
हमारा इतिहास,
कौन है हम?
क्या है हम?
कैसे है हम?
अनुत्तरित प्रश्न?
इतिहास उत्तर खोजता,
विलासिताओ,प्रपंच,
दुराचारो से भरा|
महान विभुतियो,उच्चतम कार्यो,
महान त्यागों से भरा;
पर कितनी दुखदाई यह अनुभूति,
कितनी कम,
महान विभूतियाँ,
कितने ज्यादा वे,
जिन पर खेद है हमें,
आज तक|

48. अध्याय 47

मुखोटे
मुखोटे पर मुखोटे पर मुखोटे,
बदला मानव,चढ़ाता अब,
एक नहीं,कई मुखोटे|
आश्चर्य!क्या याद भी रख पाता वह;
अपने सही चेहरे को?

49. अध्याय 48

बड़ी बाते
बड़ी बाते,
तुच्छ सोच,मुखोटे पहने,
जीते लोग,
क्या याद भी रख पाते वे,
चेहरा सही अपना,
या खो जाता वोह भी,
मुखोटो की भीड़ मे|

50. अध्याय 49

अहंकार
अहंकार,मै,मेरा,
दूषित मानव मन|
हिंसा का तांडव,
युद्ध विभिषिका,आतंकवाद,
भ्रष्टाचार,जड़ केन्द्रित "मै" पर|
मानव मूल्यों का ह्रास,
ह्रास जीवन का,
मुरझाया व्यक्तित्व मानव का,
जड़ केन्द्रित इनकी "मै" पर|

51. अध्याय 50

पगडंडी

पगडंडी छोटी सी,
मिट्टी से सनी,
पैरो के निशान,
चला था कोई,
मिला था रास्ता,
किसी को;
पर क्या?
चलने वाला जानता था,
उस गंतव्य को,
जहाँ ले जाती है,
यह पगडंडी।

52. अध्याय 51

तलाश

निकल पड़ा मनुष्य,

खुद की तलाश,

क्यों जुड़ती जाकर,खुद पर?

क्यों?आखिर क्यों?

तलाशता है मनुष्य खुद को?

कुछ अजीब सा यह प्रश्न?

अनुत्तरित सा आज-तक|

53. अध्याय 52

व्यक्तव्य
आज का व्यक्तव्य,
हम महान,
हमारी विरासत महान|
कल का व्यक्तव्य,
हम एक,
हमारी एकता अटूट|
आज का व्यक्तव्य,
महानता हमारी,
इस जगत ने मानी|
कल का व्यक्तव्य,
हम देख लेंगे|
हमारी महानता,
कमजोरी नहीं हमारी|
आज का व्यक्तव्य,
हम महान,
हमारा संयम महान,
हमारे संस्कार महान|
और जनता?
पिस रही,कट रही,
मर रही,मारी जा रही,
महानता हमारी,

राकेश शर्मा

क्या यह भी?

54. अध्याय 53

निरंतर
जंगल भीगा सा,
सरोबर धुंध मे,
चहचहाना पंक्षियों का,
इंगित कर रहा,
उदय प्रकाश का,
जो आ रहा,
चीर अँधेरी चादरों को,
फूंक रहा प्राण,
हर सजीव मे|
रंगों का इठलाना,
अनेक रूपों मे,
गुम थे जो अब तक,
अँधेरी चादर मे|
दिया जीवन इन्हें प्रकाश ने,
पर आह ....,
कब आलोकित होगा,
मानव मन-मष्तिक,
कब उठेगा मानव,
तृष्णा,वासना,
हिंसा रुपी अंधकार से,
क्यों बेबस प्रकाश यहां?

राकेश शर्मा

निरुतर सा मै।

55. अध्याय 54

सत्य की खोज
सत्य की खोज,
जिगासु मानव,
खोज सत्य की क्यों,
कहाँ ख़त्म यह होंगी?
अब तक क्यों जारी?
क्या कह गई?
पुरानी सभ्यताएं,
क्या खोजा?
क्या पाया?
जो पाया,
क्या वही सत्य था?
तर्क उठाता प्रश्न यहाँ?
पर आश्चर्य!
कैसे पाया उसे,
ऋषियों,मुनियो,भक्तो ने?
कही प्रयास हमने,
किया भी?

56. अध्याय 55

चाल

पौधे चलते है आज-कल,

आश्चर्य देखा यह शहर मे,

दोड़ रहे है,भाग रहे है,

घूम रहे है आलीशान फ्लैट,बंगलो में,

टिकते वहां कुछ दिनों तक,

पौधे चलते है आज-कल|

यह सच है,

वोह भी मानते है,

जगह बची नहीं खुली,

उनके लिए भी,

निपटा दिया उन्हें भी,

छोटे-छोटे गमलो मे,

पर यही तो लय है शहरो की,

कोई ऐतराज शक,

शोक नहीं,

मानव जीवन भी तो,

सुकड़ा-सिमटा है शहर का,

फिर हमे भी सिकुड़ा दिया,

हमे भी निपटा दिया,

हमे भी चिपका दिया,

किसी घर,ऑफिस के कोने मे,

तो बुरा क्या?
जिन्दगी जो मिल गई,
जी लेना ही काफी है,
आज शहर मे|